T0122476

Silke Ralf

Konnichi wa!

Loesungsheft

Dr. Ludwig Reichert Verlag · Wiesbaden

Bibliographische Information Der Deutschen Bibliothek
Die Deutsche Bibliothek verzeichnet diese Publikation in der Deutschen
Nationalbiografie; detaillierte bibliographische Daten sind im Internet über
http://dnb.ddb.de abrufbar.

Silke Ralf

Konnichi wa!
Einführung in die moderne japanische Sprache

Lösungsheft zum Lehrbuch

Lektion 1

Hiragana

2) こんにち は ・ おはよう ございます ・ こんばん は ・ さようなら ・ おげんき ですか ・ おかげさま で げんき です ・ どうも ありがとう ございます ・ すみません ・ ごめん なさい ・ しつれい します ・ はじめまして

Katakana

3) アルバイト ・ ビール ・ デパート ・ コーヒー ・ パーティー ・ ナイフ ・ フォーク ・ スプーン
パソコン ・ コンピューター ・ ファイル ・ プリンター ・ マウス

Lektion 3

1) これは 机です。Kore wa tsukue desu. / これは窓です。Kore wa mado desu. / これは 椅子です。Kore wa isu desu. / これは 電話です。Kore wa denwa desu. / これは ドア です。Kore wa doa desu. / これは 自動車です。Kore wa jidousha desu. / これは ペンです。Kore wa pen desu. / これは ホテル です。Kore wa hoteru desu. / これ は 病院 です。Kore wa byouin desu. / これは 郵便局です。Kore wa yuubinkyoku desu. / これは 銀行です。Kore wa ginkou desu.

3) Beispiele für mögliche Sätze: あれ は 新聞 です。Are wa shinbun desu. / それ は トイレ です。Sore wa toire desu. / これ は 出口 です。Kore wa deguchi desu. / あれ は 入口 です。Are wa iriguchi desu. / 私 は ドイツ人 です。Watashi wa doitsujin desu. / 田中さん は 日本人 です。Tanaka-san wa nihonjin desu. / 山口さん は 会社員 です。Yamaguchi-san wa kaishain desu.

4) これ は 何ですか。Kore wa nan desu ka. / この 新聞 は 私の 新聞 です。Kono shinbun wa

watashi no shinbun desu. / あれ は 入口 です。Are wa iriguchi desu. / 田中さん は フランス 人
です か。いいえ、日本人です。Tanaka-san wa furansu jin desu ka. Iie, nihonjin desu.

5) これ は 何 です か。Kore wa nan desu ka. / これは 新聞 です か。はい、これは 日本の
新聞 です。Kore wa shinbun desu ka. Hai, kore wa nihon no shinbun desu. / これは田中さん
の新聞ですか。Kore wa tanaka-san no shinbun desu ka. / これは 入口 です か。いいえ、出口
です。Kore wa iriguchi desu ka. Iie, deguchi desu. / これは 郵便局 です か。いいえ、郵便局
では ありません。銀行 です。Kore wa yuubinkyoku desu ka. Iie, yuubinkyoku de wa
arimasen. Ginkou desu. / この本は 私の 本 です。Kono hon wa watashi no hon desu. / これも
ホテル ですか。いいえ、レストラン です。Kore mo hoteru desu ka. Iie, resutoran desu. /
これは 私の本 です。Kore wa watashi no hon desu. / これは 田中さんの コンピューターで
すか。Kore wa tanaka-san no konpyūtā desu ka. / これは ドイツの会社 です。Kore wa
doitsu no kaisha desu. / 中山さんは 日本人 です。Nakayama-san wa nihonjin desu.

Lektion 4

1a) 見る (miru)、飲む (nomu)、書く (kaku)、話す (hanasu)、待つ (matsu)、買う (kau)、する (suru)、
始まる (hajimaru)、終わる (owaru)、持つ (motsu)、行く (iku)、来る (kuru)、起きる (okiru)、
わかる (wakaru)

1b) 食べます (tabemasu)、歩きます (arukimasu)、読みます (yomimasu)、します (shimasu)、
開けます (akemasu)、待ちます (machimasu)、わかります (wakarimasu)、来ます (kimasu)、
買います (kaimasu)、話します (hanashimasu)、見ます (mimasu)、出します (dashimasu)、考え
ます (kangaemasu)、覚えます (oboemasu)、会います (aimasu)、働きます (hatarakimasu)、
入れます (iremasu)、入ります (hairimasu)、出ます (demasu)、言います (iimasu)

1c)見ません、見ました、見ません でした (mimasen, mimashita, mimasen deshita)、飲みませ
ん、飲みました、飲みません でした (nomimasen, nomimashita, nomimasen deshita)、書き
ません、書きました、書きません でした (kakimasen, kakimashita, kakimasen deshita)、話
しません、話しました、話しません でした (hanashimasen, hanashimashita, hanashimasen

deshita)、待ちません、待ちました、待ちません でした (machimasen, machimashita, machimasen deshita)、買いません、買いました、買いません でした (kaimasen, kaimashita, kaimasen deshita)、しません、しました、しません でした (shimasen, shimashita, shimasen deshita)、始まりません、始まりました、始まりません でした (hajimarimasen, hajimarimashita, hajimarimasen deshita)、終わりません、終わりました、終わりません でした (owarimasen, owarimashita, owarimasen deshita)、持ちません、持ちました、持ちません でした (mochimasen, mochimashita, mochimasen deshita)、行きません、行きました、行きません でした (ikimasen, ikimashita, ikimasen deshita)、来ません、来ました、来ません でした (kimasen, kimashita, kimasen deshita)、起きません、起きました、起きません でした (okimasen, okimashita, okimasen deshita)、わかりません、わかりました、わかりません でした (wakarimasen, wakarimashita, wakarimasen deshita)

2) 図書館 で 本 を 読みます。Toshokan de hon wo yomimasu. / 新聞 を 買います。Shinbun wo kaimasu. / レストラン で そば を 食べます。Resutoran de soba wo tabemasu. / 東京 に 行きます。Toukyou ni ikimasu. / 東京 で 働きます。Toukyoude hatarakimasu. / ドイツ から 来ました。Doitsu kara kimashita. / 私 は 田中さん を 待ちます。Watashi wa tanaka-san wo machimasu. oder Vergangenheit: 私 は 田中さん を 待ちました。Watashi wa tanaka-san wo machimashita.

3) Beispiele für mögliche Sätze: テレビ を 見ます。Terebi wo mimasu. / レストラン で うどん を 食べます。Resutoran de udon wo tabemasu. / ビール を 飲みます。Bīru wo nomimasu. / 図書館 で 本 を 読みます。Toshokan de hon wo yomimasu. / パン を 買います。Pan wo kaimasu. / 手紙 を 書きます。Tegami wo kakimasu. / 郵便局 に 行きます。Yuubinkyoku ni ikimasu. / 日本 に 行きました。Nihon ni ikimashita. / 東京 で 働きます。Toukyou de hatarakimasu. /ドイツ語 を 話します。Doitsugo wo hanashimasu. /ドイツ から 来ました。Doitsu kara kimashita. / 新聞 を 読みます。Shinbun wo yomimasu. / そば を 食べます。Soba wo tabemasu. / 日本語 を 話します。Nihongo wo hanashimasu.

4) わかりません。Wakarimasen. / 山口さん はお寿司 を 食べました。Yamaguchi-san wa o-sushi wo tabemashita. / 彼 は ビール は 飲みません。Kare wa bīru wa nomimasen. / 新聞 を 読みます。Shinbun wo yomimasu. / 田中さん は フランス に 行きます。Tanaka-san wa furansu ni ikimasu. / レストラン で そば を 食べます。Resutoran de soba wo tabemasu. / ド ア を 開けます。Doa wo akemasu. / 郵便局 で 切手 を 買いました。Yuubinkyoku de kitte wo kaimashita. / ドイツ語 を 話しますか。Doitsugo wo hanashimasu ka. / 駅 に 行きます。Eki ni ikimasu. / 山口さん を 待ちます。Yamaguchi-san wo machimasu. / 川田さん は 東京 から 来ました。Kawada-san wa toukyou kara kimashita. / 何 を 買いますか。Nani wo kaimasu ka.

Lektion 5

1) 郵便局 の 前 に ポスト が あります。Yuubinkyoku no mae ni posuto ga arimasu. / 銀行 の 隣にホテルが あります。Ginkou no tonari ni hoteru ga arimasu. / 大学 の 右 に 本屋(さん)が あります。Daigaku no migi ni honya(san) ga arimasu. / 区役所 の 左 に 会社 が あります。Kuyakusho no hidari ni kaisha ga arimasu. / 駅 の 前 に 交番 が あります。Eki no mae ni kouban ga arimasu. / 部屋 の 中 に 犬 が います。Heya no naka ni inu ga imasu. / 田中さんは 東京 に います。Tanaka-san wa toukyou ni imasu.

2) 妹 が います。Imouto ga imasu. / 中山さん (に) は 自動車はありません。Nakayama-san (ni) wa jidousha wa arimasen. / 机の 上に 新聞 が あります。Tsukue no ue ni shinbun ga arimasu. / 私の 本は 新聞の 下に あります。Watashi no hon wa shinbun no shita ni arimasu. / 山口さんは ここに いません。Yamaguchi-san wa koko ni imasen. / 郵便局の右に 銀行が あります。Yuubinkyoku no migi ni ginkou ga arimasu. / 中山さんの 犬は 庭に います。Nakayama-san no inu wa niwa ni imasu. / 電話は コンピューターの 左に あります。Denwa wa conpyūtā no hidari ni arimasu. / スーパーマーケットは 郵便局 と 駅の 間に あります。Sūpāmāketto wa yuubinkyoku to eki no aida ni arimasu. / 交番は 駅の 前に あります。Kouban wa eki no mae ni arimasu. / ホテルの中に レストランは ありません。Hoteru no naka ni resutoran wa arimasen. / 田中さんは 事務所 に います。Tanaka-san wa jimusho ni imasu. / ご兄弟が いますか。Gokyoudai ga imasu ka.

3) Mögliche Antworten: レストラン は 銀行の右 に あります。Resutoran wa ginkou no migi ni arimasu. / 会社 の 隣 に 郵便局が あります。Kaisha no tonari ni yuubinkyoku ga arimasu. / 銀行と 会社の 間に 郵便局が あります。Ginkou to kaisha no aida ni yuubinkyoku ga arimasu. / いいえ、駅 の 左 に 本屋 は ありません。交番が あります。Iie, eki no hidari ni honya wa arimasen. Kouban ga arimasu. / 区役所 の 後ろ に ホテル が あります。Kuyakusho no ushiro ni hoteru ga arimasu. / はい、郵便局 は 銀行 の 隣 です。Hai, yuubinkyoku wa ginkou no tonari desu. / はい、ホテルが あります。Hai, hoteru ga arimasu. / ホテル は 区役所の 後ろに あ ります。Hoteru wa kuyakusho no ushiro ni arimasu.

Fragewörter:

木村さんは どこに 住んでいますか。Kimura-san wa doko ni sunde imasu ka. / どのレスト ランで 食べましたか。Dono resutoran de tabemashita ka. / 何を 買いますか。Nani wo kaimasu ka. / 山口さんは いつ 来ますか。Yamaguchi-san wa itsu kimasu ka. / この本は いくら です か。Kono hon wa ikura desu ka. / この辺りには 銀行が ありますか。Kono atari ni wa ginkou ga arimasu ka. / シュミットさんは なぜ 東京に 行きますか。Shumitto-san wa naze toukyou ni ikimasu ka.

Lektion 6

1) 食べて (tabete) / して (shite) / 会って (atte) / 書いて (kaite) / 読んで (yonde) / 飲んで (nonde) / 話して (hanashite) / 見て (mite) / 閉めて (shimete) / 来て (kite) / 助けて(tasukete) / 歩いて (aruite) / 始まって (hajimatte) / 開けて (akete) / 待って (matte) / 聞いて (kiite) / 働いて (hataraite) / 出して (dashite) / 買って (katte) / 上げて (agete) / 走って (hashitte) / 覚えて (oboete) / 答えて (kotaete)

2) ちょっと待って下さい。Chotto matte kudasai. / この新聞を読んでもいいですか。Kono shinbun wo yonde mo ii desu ka. / お医者さんを呼んで下さい。O-isha-san wo yonde kudasai. / ドアを閉めて下さい。Doa wo shimete kudasai. / 窓を開けてもいいですか。Mado wo akete mo ii desu ka. / ここにご住所と電話番号を書いて下さい。Koko ni gojuusho to denwabangou wo kaite kudasai. / 見てもいいですか。Mite mo ii desu ka. / このお菓子を食べてもいいで す。Kono okashi wo tabete mo ii desu. / 電話をして下さい。Denwa wo shite kudasai. / どう

ぞ、お入り下さい。Douzo, ohairi kudasai. / どうぞ、お座り下さい。Douzo, osuwari kudasai. / お刺身を食べて下さい。Osashimi wo tabete kudasai. / この酒を飲んで下さい。Kono sake wo nonde kudasai. / お手洗いを貸して下さい。Otearai wo kashite kudasai. / ご飯を召し上がって下さい。Gohan wo meshiagatte kudasai. / 味噌汁はいかがですか。Misoshiru wa ikaga desu ka.

Lektion 7

3) 開けましょう (akemashou), 話しましょう (hanashimashou), 始めましょう (hajimemashou), 見ましょう (mimashou), 入りましょう (hairimashou), 行きましょう (ikimashou), 待ちましょう (machimashou), 食べましょう (tabemashou), 休みましょう (yasumimashou)

開けたい (aketai), 話したい (hanashitai), 始めたい (hajimetai), 見たい (mitai), 入りたい (hairitai), 行きたい (ikitai), 待ちたい (machitai), 食べたい (tabetai), 休みたい (yasumitai)

4) この本が読みたいです。Kono hon ga yomitai desu. / 日本語が勉強したいです。Nihongo ga benkyou shitai desu. / ドアを閉めましょうか。Doa wo shimemashou ka. / 川田さんの子供はいつもチョコレートを食べたがります。Kawada-san no kodomo wa itsumo chokorēto wo tabetagarimasu. / 酒を飲みましょう。Sake wo nomimashou. / 始めましょう。Hajimemashou.

Lektion 8

2) Beispiele für mögliche Antworten: 今は午後5時です。Ima wa gogo go-ji desu. / 8時に起きました。Hachi-ji ni okimashita. / 8時半に朝ご飯を食べました。Hachi-ji han ni asagohan wo tabemashita. / 9時に会社に行きました。Ku-ji ni kaisha ni ikimashita. / 9時半から6時まで働きました。Ku-ji han kara roku-ji made hatarakimashita. / 日本語の授業は7時から8時半までです。Nihongo no jugyou wa shichi-ji kara hachi-ji han made desu.

3) 何時ですか。Nanji desu ka. / 2時半です。Ni-ji han desu. / 何時に起きましたか。Nanji ni okimashita ka. / 日本語の授業は何時から何時までですか。Nihongo no jugyou wa nanji kara nanji made desu ka. / 仕事は8時半に始まります。Shigoto wa hachi-ji han ni hajimarimasu. /

木村さんは ドイツの 料理が 好きです。Kimura-san wa doitsu no ryouri ga suki desu. / 会議は 午後4時に 始まります。Kaigi wa gogo yo-ji ni hajimarimasu. / 田中さんは 9時15分に 駅に 行きます。Tanaka-san wa ku-ji juugo-fun ni eki ni ikimasu. / 私は 起きて、シャワーを 浴び ました。Watashi wa okite, shawā wo abimashita. / 朝ご飯を 食べて、会社に 行きました。 Asagohan wo tabete, kaisha ni ikimashita. / 手紙を 書いて、切手を 買います。Tegami wo kaite, kitte wo kaimasu. / 郵便局に 行って、切手を 買いました。Yuubinkyoku ni itte, kitte wo kaimashita. / 木村さんは 9時15分に 駅に 行って、電車に 乗ります。Kimura-san wa ku-ji juugo-fun ni eki ni itte, densha ni norimasu. / 田中さんは 家に 帰って、テレビを 見ます。 Tanaka-san wa ie ni kaette, terebi wo mimasu. / お風呂に 入って、寝ました。Ofuro ni haitte, nemashita.

5) 山口さんは 東京に 住んでいます。朝7時に 起きて、シャワーを 浴びます。7時半に 朝ご飯を 食べて、新聞を 読みます。8時に家を出て、駅まで 歩いて、8時20分の 電車 に 乗ります。9時から 午後6時まで 働きます。時々ドイツ(の)レストランで 食べます。 Yamaguchi-san wa toukyou ni sunde imasu. Asa shichi-ji ni okite, shawā wo abimasu. Shichi-ji han ni asagohan wo tabete, shinbun wo yomimasu. Hachi-ji ni ie wo dete, eki made aruite、hachi-ji nijup-pun no densha ni norimasu. Ku-ji kara gogo roku-ji made hatarakimasu. Tokidoki doitsu (no) resutoran de tabemasu.

7b) シュミットさん「すみません。渋谷に 行きたい です。何線ですか。」駅員 「山手線です。」・シュミットさん「何番線ですか。」・駅員「ええと、11番線で す。」・シュミットさん「ああ、そう ですか。4時15分の電車は渋谷に 行きます か。」・駅員「いいえ、渋谷には 行きません。池袋に 行きます。4時17分の電車が 渋谷に 行きます。」・シュミットさん「どうも ありがとう ございました。」 駅員「どう いたしまして。」 Shumitto-san: "Sumimasen. Shibuya ni ikitai desu. Nanisen desu ka." · Ekiin: "Yamanote-sen desu." · Shumitto-san: "Nanbansen desu ka." · Ekiin: "Eeto, 11-bansen desu." · Shumitto-san: "Aa , sou desu ka. 4-ji 15-fun no densha wa shibuya ni ikimasu ka." · Ekiin: "Iie, shibuya ni wa ikimasen. Ikebukuro ni ikimasu. 4-ji 17-fun no densha ga shibuya ni ikimasu." · Shumitto-san: "Doumo arigatou gozaimashita." · Ekiin: "Dou itashimashite."

シュミットさん「すみません。熱海に 行きたい です。何線ですか。」・駅員
「東海道線です。」・シュミットさん「何番線ですか。」・駅員「ええと、8番線で
す。」・シュミットさん「ああ、そう ですか。9時20分の電車は熱海 に 行きます
か。」・駅員「いいえ、熱海には 行きません。横浜に 行きます。9時23分の電車が
熱海に 行きます。」・シュミットさん「どうも ありがとう ございました。」・駅員
「どう いたしまして。」

Shumitto-san: "Sumimasen. Atami ni ikitai desu. Nanisen desu ka." · Ekiin: "Toukaidou-sen desu."
Shumitto-san: "Nanbansen desu ka." · Ekiin: "Eeto, 8-bansen desu." · Shumitto-san: "Aa , sou
desu ka. 9-ji 20-pun no densha wa atami ni ikimasu ka." · Ekiin: "Iie, atami ni wa ikimasen.
Yokohama ni ikimasu. 9-ji 23-pun no densha ga atami ni ikimasu." · Shumitto-san: "Doumo
arigatou gozaimashita." · Ekiin: "Dou itashimashite."

シュミットさん「すみません。国立に 行きたい です。何線ですか。」・駅員「中央線
です。」・シュミットさん「何番線ですか。」・駅員「ええと、3番線です。」・シュ
ミットさん「ああ、そう ですか。6時34分の電車は国立 に 行きますか。」・駅員「い
いえ、国立には 行きません。東京に 行きます。6時40分の電車が 国立 に 行きます。」
・シュミットさん「どうも ありがとう ございました。」・駅員「どう いたしまして。」

Shumitto-san: "Sumimasen. Kunitachi ni ikitai desu. Nanisen desu ka." · Ekiin: "Chuuou-sen
desu." · Shumitto-san: "Nanbansen desu ka." · Ekiin: "Eeto, 3-bansen desu." · Shumitto-san:
"Aa , sou desu ka. 6-ji 34-pun no densha wa kunitachi ni ikimasu ka." · Ekiin: "Iie, kunitachi ni
wa ikimasen. Toukyou ni ikimasu. 6-ji 40-pun no densha ga kunitachi ni ikimasu." ·
Shumitto-san: "Doumo arigatou gozaimashita." · Ekiin: "Dou itashimashite."

シュミットさん「すみません。銀座に 行きたい です。何線ですか。」・駅員「銀座線
です。」・シュミットさん「何番線ですか。」・駅員「ええと、2番線です。」・シュ
ミットさん「ああ、そう ですか。8時48分の電車は銀座 に 行きますか。」・駅員「い
いえ、銀座には 行きません。日本橋に 行きます。8時45分の電車が銀座 に 行きま
す。」・シュミットさん「どうも ありがとう ございました。」・駅員「どう いたしま
して。」

Shumitto-san: "Sumimasen. Ginza ni ikitai desu. Nanisen desu ka." · Ekiin: "Ginza-sen desu."
Shumitto-san: "Nanbansen desu ka." · Ekiin: "Eeto, 2-bansen desu." · Shumitto-san: "Aa , sou

desu ka. 8-ji 48-pun no densha wa ginza ni ikimasu ka." ・ Ekiin: "Iie, ginza ni wa ikimasen. Nihonbashi ni ikimasu. 8-ji 45-fun no densha ga ginza ni ikimasu." ・ Shumitto-san: "Doumo arigatou gozaimashita." ・ Ekiin: "Dou itashimashite."

Lektion 9

1) Beispiele für mögliche Antworten: 今日は9月6日です。Kyou wa 9-gatsu muika desu. / 金曜日です。Kinyoubi desu. / クリスマスは12月25日です。Kurisumasu wa 12-gatsu 25-nichi desu. / 明日は土曜日です。Ashita wa doyoubi desu. / 誕生日は10月19日です。Tanjoubi wa 10-gatsu 19-nichi desu. / 子供の日は5月5日です。Kodomo no hi wa 5-gatsu itsuka desu. / いいえ、お正月は1月1日です。Iie, o-shougatsu wa 1-gatsu tsuitachi desu. / 文化の日は11月3日です。Bunka no hi wa 11-gatsu mikka desu. / 秋分の日は9月23日です。Shuubun no hi wa 9-gatsu 23-nichi desu. / 天皇誕生日は12月23日です。Tennoutanjoubi wa 12-gatsu 23-nichi desu. / 体育の日は10月9日です。Taiiku no hi wa 10-gatsu kokonoka desu. / お盆は8月15日です。O-bon wa 8-gatsu 15-nichi desu.

2) 2日は火曜日です。Futsuka wa kayoubi desu. / 山口さんの誕生日は3月17日です。Yamaguchi-san no tanjoubi wa 3-gatsu 17-nichi desu. / 田中さんは25日から27日までパリに行きます。Tanaka-san wa 25-nichi kara 27-nichi made pari ni ikimasu. / 3月12日に大阪に行きます。3-gatsu 12-nichi ni oosaka ni ikimasu.

3) お宅から会社までどのぐらいかかりますか。一時間半ぐらいかかります。Otaku kara kaisha made dono gurai kakarimasu ka. Ichijikan han gurai kakarimasu. / 今朝の会議は四時間かかりました。Kesa no kaigi wa yojikan kakarimashita. / 父は35年間あの会社で働きました。Chichi wa 35 nenkan ano kaisha de hatarakimashita. / シュミットさんは三ヶ月大阪に住んでいました。Shumitto-san wa sankagetsu oosaka ni sunde imashita. / 昨日30分田中さんを待ちました。Kinou sanjuppun tanaka-san wo machimashita.

Lektion 10

1) 高い (takai) ― 安い (yasui)、小さい (chiisai) ― 大きい (ookii)、古い (furui) ― 新しい

(atarashii)、面白い (omoshiroi) ― つまらない (tsumaranai)、短い (mijikai) ― 長い (nagai)、暑い (atsui) ― 寒い (samui) und 熱い (atsui) ― 冷たい (tsumetai)、広い (hiroi) ― 狭い (semai)、まずい (mazui) ― おいしい (oishii)、遠い (tooi) ― 近い (chikai)、上手 (jouzu) ― 下手 (heta)

2) 青くない (aokunai) / 赤くない (akakunai) / 黒くない (kurokunai) / 安くない (yasukunai) / 長くない (nagakunai) / 面白くない (omoshirokunai) / 新しくない (atarashikunai) / 白くない (shirokunai) / 熱くない (atsukunai) / 寒くない (samukunai) / 早くない (hayakunai) / 古くない (furukunai) / 日曜日は 寒くない です。 Nichiyoubi wa samukunai desu. / この赤くない車は 山口さんの 車 です。 Kono akakunai kuruma wa yamaguch-san no kuruma desu. / あの甘くない ケーキを 食べます。 Ano amakunai kēki wo tabemasu.

3) 青かった (aokatta) / 赤かった (akakatta) / 黒かった (kurokatta) / 安かった (yasukatta) / 長かった (nagakatta) / 面白かった (omoshirokatta) / 新しかった (atarashikatta) / 白かった (shirokatta) / 熱かった (atsukatta) / 寒かった (samukatta) / 早かった (hayakatta) / 古かった (furukatta)
寒かった (samukatta) / 赤かった (akakatta) / 甘かった (amakatta)

4) 父の自動車は新しいです。 Chichi no jidousha wa atarashii desu. / この新聞は古いです。 Kono shinbun wa furui desu. / 山田さんの本は面白くないです。 Yamada-san no hon wa omoshirokunai desu. / 日本語は難しいです。 Nihongo wa muzukashii desu. / 駅はあまり遠 くないです。 Eki wa amari tookunai desu. / 今朝のコーヒーは あまり 熱くなかった です。 Kesa no kōhī wa amari atsukunakatta desu. / 新しい雑誌は テレビの横 に あります。 Atarashii zasshi wa terebi no yoko ni arimasu. / 頭は 熱くて、お腹が 痛かったです。 Atama wa atsukute, onaka ga itakatta desu. / のどは赤くて はれて いました。 Nodo wa akakute harete imashita. / 顔色はあまりよくないです。 Kaoiro wa amari yokunai desu. / いつから具合が悪 いですか。 Itsu kara guai ga warui desu ka. / 1日3回この白い錠剤を2錠 飲んで下さい。 Ichinichi 3-kai kono shiroi jouzai wo 2-jou nonde kudasai. / 足は長いです。 Ashi wa nagai desu.

/ 目は青いです。Me wa aoi desu. / 髪の毛は 黒いです。Kaminoke wa kuroi desu. / 手は冷たくないです。Te wa tsumetakunai desu. / 顔は きれい でした。Kao wa kirei deshita.

Lektion 11

1) このアイス・クリームは おいしい から たくさん 食べます。Kono aisu kurīmu wa oishii kara takusan tabemasu. このアイス・クリームは おいしい です から たくさん 食べます。Kono aisu kurīmu wa oishii desu kara takusan tabemasu. / 夏は 蒸し暑い から日本に 行きたくないです。Natsu wa mushiatsui kara nihon ni ikitakunai desu. 夏は 蒸し暑い ですから 日本に 行きたくないです。Natsu wa mushiatsui desu kara nihon ni ikitakunai desu. / 速いから飛行機で 行きましょう。Hayai kara hikouki de ikimashou. 速い です から 飛行機で 行きましょう。Hayai desu kara hikouki de ikimashou. / 母が 来る からアップルパイを作ります。Haha ga kuru kara appurupai wo tsukurimasu. 母が 来ますからアップルパイを作ります。Haha ga kimasu kara appurupai wo tsukurimasu. / 駅が 遠い から 歩きません。Eki ga tooi kara arukimasen. 駅が 遠いです から 歩きません。Eki ga tooi desu kara arukimasen. / 昨日 料理が 作りたくなかった から レストランで 食べました。Kinou ryouri ga tsukuritakunakatta kara resutoran de tabemashita. 昨日 料理が 作りたくなかったですからレストランで食べました。Kinou ryouri ga tsukuritakunakatta desu kara resutoran de tabemashita.

2) 飛行機 で 東京 に 行きます。Hikouki de toukyou ni ikimasu. / ご飯 をお箸 で 食べます。Gohan wo ohashi de tabemasu. / 毎日 9時 から 5時 まで 会社 で 働いています。 Mainichi 9-ji kara 5-ji made kaisha de hataraite imasu. / 昨日タクシー で 会社 に 行きました。Kinou takushī de kaisha ni ikimashita. / 田中さん はドイツ の 会社 で 働いています。Tanaka-san wa doitsu no kaisha de hataraite imasu. / 山口さん は 今ドイツ に います。Yamaguchi-san wa ima doitsu ni imasu. / 木村さん は 大阪 に 住んでいます。Kimura-san wa oosaka ni sunde imasu.

3) 時間が ありません から 明日の パーティーに 行きません。Jikan ga arimasen kara ashita no pātī ni ikimasen. / 雨が降っている から 駅から会社までタクシーで 行きます。Ame ga futte iru kara eki kara kaisha made takushī de ikimasu. / 田中さんは イタリア料理が 好きです

から 山口さんは 明日スパゲッティを 作ります。Tanaka-san wa itaria-ryouri ga suki desu kara yamaguchi-san wa ashita supagetti wo tsukurimasu. / 私は毎日9時半から午後6時まで働いています。Watashi wa mainichi kuji han kara gogo rokuji made hataraite imasu. / まだわかりません から もう一度 言って下さい。Mada wakarimasen kara mou ichido itte kudasai. / お腹が痛いから 田中さんは お医者さんに 行きます。Onaka ga itai kara tanaka-san wa oisha-san ni ikimasu. / 休みです から 早くホテルを 予約しましょう。Yasumi desu kara hayaku hoteru wo yoyaku shimashou. / 富士山が 見える から新幹線で 東京から京都まで行きたいです。Fujisan ga mieru kara shinkansen de toukyou kara kyouto made ikitai desu. / 山口さんを知っていますか。Yamaguchi-san wo shitte imasu ka. / どこに住んでいますか。Doko ni sunde imasu ka.

Lektion 12

1) 食べる (taberu) / 話さなかった (hanasanakatta) / した (shita) / 生まれた (umareta) /住んでいる (sunde iru) / 行った (itta) / 見る (miru) / 行きたくない (ikitakunai) / 来ない (konai) / 働かない (hatarakanai) / 読んだ (yonda) / 買う (kau) / しなかった (shinakatta) / 答えた (kotaeta) / 出す (dasu) / 聞いた (kiita) / わからなかった (wakaranakatta) / 話した (hanashita) / だ・である (da/de aru) / 飲まなかった (nomanakatta) /だった・であった (datta/de atta) / ある (aru) / 書かない (kakanai) / 会った (atta) / わからない (wakaranai) / 飲んだ (nonda) / 行かなかった (ikanakatta) / 会わない (awanai) / 思った (omotta) / 笑う (warau) / 知らない (shiranai) / ない (nai) / 待たない (matanai) / 買った (katta) / 受けた (uketa) / 持った (motta) / 作った (tsukutta) / 書いた (kaita) / 始めた (hajimeta) / 見ない (minai)

2) このケーキは おいしかった。Kono kēki wa oishikatta. / 大江健三郎は 有名 である。Ooe kenzaburou wa yuumei de aru. / ベルリンはドイツの 首都 である。Berurin wa doitsu no shuto de aru. / ゲーテは 1749年8月28日に フランクフルトで 生まれた。Gēte wa 1749-nen 8-gatsu 28-nichi ni furankufuruto de umareta. / 川端康成は 逗子市で ガス自殺を とげた。Kawabata yasunari wa zushi-shi de gasu-jisatsu wo togeta. / 本を 買った。Hon wo katta. / お寿司を 食べた。Osushi wo tabeta. / 図書館で 新聞を 読んだ。Toshokan de shinbun wo yonda. / タク

シーで家に帰った。Takushī de ie ni kaetta.

3) 雨が降っている。Ame ga futte iru. / 木村さんは時間がない。Kimura-san wa jikan ga nai. / ビールを飲んだ。Bīru wo nonda. / 山口さんは歌舞伎に行かなかった。Yamaguchi-san wa kabuki ni ikanakatta. / 父は車を買わなかった。Chichi wa kuruma wo kawanakatta. / お腹が痛い。Onaka ga itai. / 錠剤は飲まなかった。Jouzai wa nomanakatta. / 来週は忙しい。Raishuu wa isogashii. / 大江健三郎は1994年にノーベル文学賞を受賞した。Ooe kenzaburo wa 1994-nen ni nōberubungakushou wo jushou shita. / 田中さんを待たなかった。Tanaka-san wo matanakatta. / ケーキを作った。Kēki wo tsukutta. / 姉は日本語を勉強している。Ane wa nihongo wo benkyou shite iru. / ハンブルグ大学で勉強した。Hanburugu daigaku de benkyou shita. / 5月5日に日本に来た。5-gatsu itsuka ni nihon ni kita. / 山口さんのパーティーに行かない。Yamaguchi-san no pātī ni ikanai.

4) 田中さんが買った自動車は赤いです。Tanaka-san ga katta jidousha wa akai desu. / 私が食べたお寿司は美味しかったです。Watashi ga tabeta o-sushi wa oishikatta desu. / 私が住んでいる町は小さいです。Watashi ga sunde iru machi wa chiisai desu. / 昨日有名な作家に会いました。Kinou yuumei na sakka ni aimashita. / 昨日会った作家は有名です。Kinou atta sakka wa yuumei desu. / 木村さんが働いている会社は大きいです。Kimura-san ga hataraite iru kaisha wa ookii desu. / 読んでいる本は面白いです。Yonde iru hon wa omoshiroi desu.

Lektion 13

1) 寒くて (samukute) / 赤くて (akakute) / 美味しくて (oishikute) / 大きくて (ookikute) / 冷たくて (tsumetakute) / 暑くて (atsukute) / 楽しくて (tanoshikute) / 安くて (yasukute) / 長くて (nagakute) / 面白くて (omoshirokute) / 痛くて (itakute) / うらやましくて (urayamashikute) / 遠くて (tookute) / 低くて (hikukute) / 暗くて (kurakute) / 白くて (shirokute) / 甘くて (amakute) / 危なくて (abunakute) / よくて (yokute) / 若くて (wakakute) / 新しくて (atarashikute) / 広くて (hirokute) / 黒くて (kurokute) / 小さくて (chiisakute) / 古くて (furukute) / 近くて (chikakute)

2)「すみませんが、このコピー機を使ってもいいですか。」「いいえ、これは使わないで下さい。隣の部屋のコピー機を使って下さい。」 „Sumimasen ga, kono kopīki wo tsukatte mo ii desu ka." „Iie, kore wa tsukawanaide kudasai. Tonari no heya no kopīki wo tsukatte kudasai." / 「赤いペンで書いてもいいですか。」「いいえ、赤いペンで書いてはいけません。先生が赤いペンで書くからです。」 „Akai pen de kaite mo ii desu ka." „Iie, akai pen de kaite wa ikemasen. Sensei ga akai pen de kaku kara desu." / 「夜遅く電話をかけてもいいですか。」「子供が寝ているから夜遅く電話をかけないで下さい。」 „Yoru osoku denwa wo kakete mo ii desu ka." „Kodomo ga nete iru kara yoru osoku denwa wo kakenai de kudasai." / 練習をたくさんしてもこの文法がわかりません。 „Renshuu wo takusan shite mo kono bunpou ga wakarimasen."

3a) いいえ、このパソコンを使ってはいけません。Iie, kono pasokon wo tsukatte wa ikemasen. / いいえ、写真を撮ってはいけません。Iie, shashin wo totte wa ikemasen. / いいえ、今日学校を休んではいけません。Iie, kyou gakkou wo yasunde wa ikemasen. / いいえ、ここでタバコを吸ってはいけません。Iie, koko de tabako wo sutte wa ikemasen. / いいえ、窓を開けてはいけません。Iie, mado wo akete wa ikemasen. / いいえ、VTRを濡れた手で触ってはいけません。Iie, VTR wo nureta te de sawatte wa ikemasen. / いいえ、パソコンをストーブの側に置いてはいけません。Iie, pasokon wo sutōbu no soba ni oite wa ikemasen.

3b) いいえ、このパソコンを使わないで下さい。Iie, kono pasokon wo tsukawanai de kudasai. / いいえ、写真を撮らないで下さい。Iie, shashin wo toranai de kudasai. / いいえ、今日学校を休まないで下さい。Iie, kyou gakkou wo yasumanai de kudasai. / いいえ、ここでタバコを吸わないで下さい。Iie, koko de tabako wo suwanai de kudasai. / いいえ、窓を開けないで下さい。Iie, mado wo akenai de kudasai. / いいえ、VTRを濡れた手で触らないで下さい。Iie, VTR wo nureta te de sawaranai de kudasai. / いいえ、パソコンをストーブの側に置かないで下さい。Iie, pasokon wo sutōbu no soba ni okanai de kudasai.

4) 図書館でタバコを吸ってはいけません。Toshokan de tabako wo sutte wa ikemasen. /

子供は この映画を 見ては いけません。Kododmo wa kono eiga wo mite wa ikemasen. /
お寺の中で 写真を 撮っては いけません。Otera no naka de shashin wo totte wa ikemasen. /
夜遅く 電話を かけないで下さい。Yoru osoku denwa wo kakenai de kudasai. / コンピュー
ターの側に 飲物を 置かないで下さい。Conpyūtā no soba ni nomimono wo okanai de kudasai.
/ このファイルを 削除しないで下さい。Kono fairu wo sakujo shinai de kudasai. / この部屋
は狭くて暗いです。Kono heya wa semakute kurai desu. / 由美子さんが 作った ケーキは甘
くて 美味しいです。Yumiko-san ga tsukutta kēki wa amakute oishii desu. / この町は大きく
てうるさいです。Kono machi wa ookikute urusai desu. / 田中さんが 一昨日 秋葉原で 買っ
たパソコンは 小さくて便利です。Tanaka-san ga ototoi akihabara de katta pasokon wa
chiisakute benri desu. / 川田さんの犬は 大きくて 恐いです。Kawada-san no inu wa ookikute
kowai desu. / 雨が降っても 鎌倉に 行きましょう。Ame ga futte mo kamakura ni ikimashou.
/ 京都に 行きたくても、忙しいから 行きません。Kyouto ni ikitakute mo, isogashii kara
ikimasen. / 高くても、来週 新幹線で 広島に 行きます。Takakute mo, raishuu shinkansen
de hiroshima ni ikimasu. / 難しくても、このテキストを 漢字で 書いて下さい。
Muzukashikute mo, kono tekisuto wo kanji de kaite kudasai.

Lektion 14

1) 日本にいた 時 富士山に 登りました。Nihon ni ita toki fujisan ni noborimashita. / 田中さ
んが来る まで 待って下さい。Tanaka-san ga kuru made matte kudasai. / 小さい時にトマト
が 好きではありませんでした。Chiisai toki ni tomato ga suki de wa arimasen deshita. / 雨
が降っている間 郵便局 の 中で待ちました。Ame ga futte iru aida yuubinkyoku no naka de
machimashita. / 田中さんを待っている間 新聞を 読みました。Tanaka-san wo matte iru aida
shinbun wo yomimashita. / 食事をした後でお茶を 飲みました。Shokuji wo shita ato de ocha
wo nomimashita. / 子供が寝ている間に 食事を作りました。Kodomo ga nete iru aida ni
shokuji wo tsukurimashita. / 山口さんが来る前にテレビを消して下さい。Yamaguchi-san
ga kuru mae ni terebi wo keshite kudasai. / 熱い時にお茶を飲んで下さい。Atsui toki ni ocha
wo nonde kudasai. / 子供はお客さんが来るまでテレビを 見てもいいです。Kodomo wa

okyakusan ga kuru made terebi wo mite mo ii desu. / 日本にいた時よく歌舞伎を見ました。
Nihon ni ita toki yoku kabuki wo mimashita. / 朝ご飯を食べる前にこの薬を飲んで下さい。
Asagohan wo taberu mae ni kono kusuri wo nonde kudasai. / 手紙を書いた後で 郵便局に行き
ました。Tegami wo kaita ato de yuubinkyoku ni ikimashita.

2) テキストを もう一度 読んだ 後で 印刷して下さい。Tekisuto wo mou ichido yonda ato de
insatsu shite kudasai. / Windowsを 終了する前に ファイルを保存して下さい。Windows wo
shuuryou suru mae ni fairu wo hozon shite kudasai. / Windowsを 終了した後 でパソコンの
電源を切りました。Windows wo shuuryou shita ato de pasokon no dengen wo kirimashita. /
ローマ字を 入力する時 [半角]を 押して下さい。Rōmaji wo nyuuryoku suru toki [hankaku]
wo oshite kudasai. / パソコンを使う 前に「入門ガイド」を読んで下さい。 Pasokon wo
tsukau mae ni "nyuumon-gaido" wo yonde kudasai. / [全角]を押した後で かな と 漢字 を
入力します。[Zenkaku] wo oshita ato de kana to kanji wo nyuuryoku shimasu. / 印刷する前に
プリンタを選びます。Insatsu suru mae ni purinta wo erabimasu.

3) 大学生の時、時々 友達の コンピューターを借りました。Daigakusei no toki, tokidoki
tomodachi no conpyūtā wo karimashita. / 日本に行く前に 日本語を勉強しました。Nihon ni
iku mae ni nihongo wo benkyou shimashita. / 電子メールを読んだ 後で 削除しました。
Denshimēru wo yonda ato de sakujo shimashita. / 会議の 後で 家に 帰りました。Kaigi no ato
de uchi ni kaerimashita. / 雨が降っている 間 喫茶店 で コーヒーを 飲みました。Ame ga
futte iru aida kissaten de kōhī wo nomimashita. / 食事した後で お茶を 飲みました。Shokuji
shita ato de ocha wo nomimashita. / 京都にいた時 金閣寺と 清水寺を 見ました。Kyouto ni
ita toki kinkakuji to kiyomizudera wo mimashita.

Lektion 15

1) 飲まなくてもいいです (nomanakute mo ii desu) / 入れなくてもいいです (irenakute mo ii
desu) / 行かなくてもいいです (ikanakute mo ii desu) / 言わなくてもいいです (iwanakute mo
ii desu) / 書かなくてもいいです (kakanakute mo ii desu) / 答えなくてもいいです (kotaenakute

mo ii desu) / 払わなくてもいいです (harawanakute mo ii desu) / 買わなくてもいいです
(kawanakute mo ii desu) / 働かなくてもいいです (hatarakanakute mo ii desu) / 待たなくても
いいです (matanakute mo ii desu) / しなくてもいいです (shinakute mo ii desu) / 作らなくて
もいいです (tsukuranakute mo ii desu) / 閉じなくてもいいです (tojinakute mo ii desu) / 来な
くてもいいです (konakute mo ii desu) / 読まなくてもいいです (yomanakute mo ii desu) / 開
けなくてもいいです (akenakute mo ii desu)

2) シューマンさんは次の日友達に手紙を書きます。「... 昨日川田さんと木村さんと
一緒に鎌倉に行きました。まず大仏を見に行きました。昼ご飯を駅の前に
あるレストランで食べました。おいしかったです。 食事をした後で八幡宮を見に
行きました。... 明日のパーティーにはビールを買わなくてもいいです。まだたくさ
んありますから...」

Shūman-san wa tsugi no hi tomodachi ni tegami wo kakimasu. „... Kinou kawada-san to kimura-san
to issho ni kamakura ni ikimashita. Mazu daibutsu wo mi ni ikimashita. Hirugohan wo eki no mae
ni aru resutoran de tabemashita. Oishikatta desu. Shokuji wo shita ato de hachimanguu wo mi ni
ikimashita. ... Ashita no pātī ni wa bīru wo kawanakute mo ii desu. Mada takusan arimasu kara ...“

3) 明日から この苦い薬を飲まなくてもいいです。Ashita kara kono nigai kusuri wo
nomanakute mo ii desu. / このつまらない本を読まなくてもいいです。Kono tsumaranai hon
wo yomanakute mo ii desu. / これを コピーしなくてもいいです。Kore wo kopī shinakute mo
ii desu. / このファイルを保存しなくてもいいです。Kono fairu wo hozon shinakute mo ii
desu. / 田中さんからの電子メールを印刷しなくてもいいです。Tanaka-san kara no
denshimēru wo insatsu shinakute mo ii desu. / 明日10時前に会社に来なくてもいいです。
Ashita 10-ji mae ni kaisha ni konakute mo ii desu. / 明日 映画を 見に 行きましょうか。
Ashita eiga wo mi ni ikimashou ka. / 切符を買いに駅に行きます。Kippu wo kai ni eki ni
ikimasu. / 会社に 履歴書を出します。Kaisha ni rirekisho wo dashimasu. oder: 会社に
履歴書を 送ります。Kaisha ni rirekisho wo okurimasu. / 山口さんに 切符を あげます。
Yamaguchi-san ni kippu wo agemasu. / 母に 花を あげます。Haha ni hana wo agemasu.

Lektion 16

1a) 書かなければなりません (kakanakereba narimasen) / 入らなければなりません
(hairanakereba narimasen) / 話さなければなりません (hanasanakereba narimasen) / 見なけれ
ばなりません (minakereba narimasen) / 始めなければなりません (hajimenakereba narimasen)
/ 使わなければなりません (tsukawanakereba narimasen) / 会わなければなりません
(awanakereba narimasen) / 飲まなければなりません (nomanakereba narimasen) / あげなけれ
ばなりません (agenakereba narimasen) / しなければなりません (shinakereba narimasen) / 見
せなければなりません (misenakereba narimasen) / 貸さなければなりません (kasanakereba
narimasen) / 入れなければなりません (irenakereba narimasen) / 電話をかけなければなりま
せん (denwa wo kakenakereba narimasen) / 走らなければなりません (hashiranakereba
narimasen) / 行かなければなりません (ikanakereba narimasen) / 答えなければなりません
(kotaenakereba narimasen) / 待たなければなりません (matanakereba narimasen) / 終わらな
ければなりません (owaranakereba narimasen) / 呼ばなければなりません (yobanakereba
narimasen) / 考えなければなりません (kangaenakereba narimasen) / 起きなければなりません
(okinakereba narimasen) / 来なければなりません (konakereba narimasen) / わたさなければ
なりません (watasanakereba narimasen) / 開けなければなりません (akenakereba
narimasen)

1b) した方がいいです (shita hou ga ii desu), しない方がいいです (shinai hou ga ii desu) /
言った方がいいです (itta hou ga ii desu), 言わない方がいいです (iwanai hou ga ii desu) /
行った方がいいです (itta hou ga ii desu), 行かない方がいいです (ikanai hou ga ii desu) /
飲んだ方がいいです (nonda hou ga ii desu), 飲まない方がいいです (nomanai hou ga ii desu)
/ 食べた方がいいです (tabeta hou ga ii desu), 食べない方がいいです (tabenai hou ga ii desu)
/ 入った方がいいです (haitta hou ga ii desu), 入らない方がいいです (hairanai hou ga ii desu)
/ 書いた方がいいです (kaita hou ga ii desu), 書かない方がいいです (kakanai hou ga ii desu) /
待った方がいいです (matta hou ga ii desu), 待たない方がいいです (matanai hou ga ii desu) /
買った方がいいです (katta hou ga ii desu), 買わない方がいいです (kawanai hou ga ii desu) /

使った方がいいです (tsukatta hou ga ii desu), 使わない方がいいです (tsukawanai hou ga ii desu)

2) 木村さん「旅行の準備をしましょうか。」・山本さん「ええ、ホテルを予約しなければなりませんか。」・川田さん「いいえ、大きいホテルですからしなくてもいいです。」・山本さん「でも、休みですから早くした方がいいです。」・木村さん「それで新幹線は指定券を買わなければなりませんか。」・川田さん「出発の時間がわからないからまだ買わない方がいいです。」

Kimura-san: „Ryokou no junbi wo shimashou ka." · Yamamoto-san: „Ee, hoteru wo yoyaku shinakereba narimasen ka." · Kawada-san: „Iie, ookii hoteru desu kara shinakute mo ii desu." · Yamamoto-san: „De mo, yasumi desu kara hayaku shita hou ga ii desu." · Kimura-san: „Sore de shinkansen wa shiteiken wo kawanakereba narimasen ka." · Kawada-san: „Shuppatsu no jikan ga wakaranai kara mada kawanai hou ga ii desu."

3) 3時までこの仕事をしなければなりません。3-ji made kono shigoto wo shinakereba narimasen. / 箱根に行った時3回乗り換えなければなりませんでした。Hakone ni itta toki 3 kai norikaenakereba narimasen deshita. / この苦い薬を毎朝飲まなければなりません。Kono nigai kusuri wo maiasa nomanakereba narimasen. / 来週大阪に行かなければなりません。Raishuu osaka ni ikanakereba narimasen. / 1ヶ月たったから新しい定期券を買わなければなりません。Ikkagetsu tatta kara atarashii teikiken wo kawanakereba narimasen. / この請求書を明後日までに払わなければなりません。Kono seikyuusho wo asatte made ni harawanakereba narimasen. / このことについて田中さんと話さなければなりません。Kono koto ni tsuite tanaka-san to hanasanakereba narimasen. / 明日早く起きなければなりません。Ashita hayaku okinakereba narimasen. / 31日までに家賃を払わなければなりません。31-nichi made ni yachin wo harawanakereba narimasen. / 漢字の練習をしなければなりません。Kanji no renshuu wo shinakereba narimasen.

4) 来週までにこの本を読まなければなりません。Raishuu made ni kono hon wo yomanakereba narimasen. / 今日の夜手紙を書かなければなりません。Kyou no yoru tegami wo kakanakereba narimasen. / 土曜日両親に会わなければなりません。Doyoubi ryoushin ni awanakereba narimasen. / 木村さんは残業をしなければなりません。Kimura-san wa zangyou wo shinakereba narimasen. / この薬を飲まなければなりません。Kono kusuri wo nomanakereba narimasen. / 早くホテルを予約した方がいいです。Hayaku hoteru wo yoyaku shita hou ga ii desu. / 新幹線の指定券を買った方がいいです。Shinkansen no shiteiken wo katta hou ga ii desu. / 風邪を引いたから明日会社に行かない方がいいです。Kaze wo hiita kara ashita kaisha ni ikanai hou ga ii desu. / タバコを吸わない方がいいです。Tabako wo suwanai hou ga ii desu. / 木村と言います。Kimura to iimasu. / この映画はつまらないと思います。Kono eiga wa tsumaranai to omoimasu. / 大江健三郎は面白い小説を書いたと思います。Oe kenzaburou wa omoshiroi shousetsu wo kaita to omoimasu. / 彼は来ないと思います。Kare wa konai to omoimasu. / 山口さんは電車が8番線から出ると言いました。Yamaguchi-san wa densha ga 8-bansen kara deru to iimashita. / 山本さんは「私は大きな会社で働いています。」と言いました。Yamamoto-san wa „Watashi wa ookina kaisha de hataraite imasu." to iimashita.

Lektion 17

1) 食べられる (taberareru) /思われる (omowareru) /来られる (korareru) /される (sareru) /読まれる (yomareru) /書かれる (kakareru) /言われる (iwareru) /わたされる (watasareru) / 盗まれる (nusumareru) / 取られる (torareru) / 作られる (tsukurareru) / 使われる (tsukawareru) / 開かれる (hirakareru) / 選ばれる (erabareru) / 建てられる (taterareru) / 買われる (kawareru)

2) 傘はすりに盗まれました。Kasa wa suri ni nusumaremashita. / 寿司は母に (よって) 作られます。oder Vergangenheit: 寿司は母に(よって) 作られました。Sushi wa haha ni (yotte) tsukuraremasu. oder Vergangenheit: Sushi wa haha ni (yotte) tsukuraremashita. / この小説は遠藤周作によって書かれました。Kono shousetsu wa endou shuusaku ni yotte kakaremashita. / この本は大勢の人に読まれています。Kono hon wa oozei no hito ni yomarete imasu.

3) 佐藤さん は 電車 の 中 で 寝ている 間 に 傘 を 盗まれました。 駅 から 会社 まで 行く 時 に 雨 に 降られました。橋本さん は 佐藤さん を 待っている 間 に 田中さん に 来られました。

Satou-san wa densha no naka de nete iru aida ni kasa wo nusumaremashita. Eki kara kaisha made iku toki ni ame ni furaremashita. Hashimoto-san wa satou-san wo matte iru aida ni tanaka-san ni koraremashita.

4) この本は 大勢の 人に 読まれています。 Kono hon wa oozei no hito ni yomarete imasu. / このプレゼントは 田中さんから 川田さんに わたされました。 Kono purezento wa tanaka-san kara kawada-san ni watasaremashita. / 窓は だれに (よって)開けられましたか。 Mado wa dare ni (yotte) akeraremashita ka. / 私は 皆に 笑われました。 Watashi wa minna ni warawaremashita. / 部長は 私のレポートを 読まれました。 Buchou wa watashi no repōto wo yomaremashita. / 雨に 降られました。 Ame ni furaremashita. / ここに お金を 入れると 切符が 出ます。 Koko ni okane wo ireru to kippu ga demasu. / 何か キーを 押すと Windows に 戻ります。 Nani ka kī wo osu to Windows ni modorimasu. / 見ると わかります。 Miru to wakarimasu. / 冬が 来ると 雪が 降っています。 Fuyu ga kuru to yuki ga futte imasu. / 右に 曲ると 郵便局が あります。 Migi ni magaru to yuubinkyoku ga arimasu. / この建物は 去年 建てられました。 Kono tatemono wa kyonen tateraremashita.

Lektion 18

1) 朝ご飯 を 食べて から 会社に 行きました。 Asagohan wo tabete kara kaisha ni ikimashita. / 手紙 を 書いて から 郵便局 で 切手 を 買いました。 Tegami wo kaite kara yuubinkyoku de kitte wo kaimashita. / 仕事 が 終わって から 家 に 帰る。 Shigoto ga owatte kara uchi ni kaeru. / この小説 を 読んで から あなた に 上げます。 Kono shousetsu wo yonde kara anata ni agemasu. / 田中さん と 話して から 私に 電話して下さい。 Tanaka-san to hanashite kara watashi ni denwa shite kudasai. / これをコピーして から 山口さん に 戻して下さい。 Kore wo kopī shite kara yamaguchi-san ni modoshite kudasai. / 日本 に 住んでから 毎月 歌舞伎 を 見に 行きます。 Nihon ni sunde kara maitsuki kabuki wo mi ni ikimasu. / あのレストラン を 知って

から外のレストランで食べたくないです。Ano resutoran wo shitte kara hoka no resutoran de tabetakunai desu.

2) Beispiele für mögliche Sätze: りんごを4個食べました。Ringo wo 4-ko tabemashita. / 田中さんは毎週 本を1冊 読んでいます。Tanaka-san wa maishuu hon wo issatsu yonde imasu. / 川田さんは自動車を2台持っています。Kawada-san wa jidousha wo 2-dai motte imasu. / 私は子どもが2人います。Watashi wa kodomo ga futari imasu. / お皿が6枚 要ると思います。Osara ga 6-mai iru to omoimasu. / ビールを8本 買って下さい。Bīru wo happon katte kudasai. / 庭で猫を2匹見ました。Niwa de neko wo 2-hiki mimashita. / 日本人を5人 知っています。Nihonjin wo 5-nin shitte imasu. / 昨夜お茶を4杯 飲みました。Yuube ocha wo 4-hai wo nomimashita. / ボールペンが3本 あります。Bōrupen ga 3-bon arimasu.

3) Beispiele für mögliche Sätze: 忙しい時 母に買物してもらいます。Isogashii toki haha ni kaimono shite moraimasu. / 漢字が 難しいから山口さんが私に書いてくれます。Kanji ga muzukashii kara yamaguchi-san ga watashi ni kaite kuremasu. / 私は できないから 姉にしてもらいます。Watashi wa dekinai kara ane ni shite moraimasu. / 姪が知りたいから 明日 教えてあげます。Mei ga shiritai kara ashita oshiete agemasu. / 中山さんが来てくれます。Nakayama-san ga kite kuremasu. / メガネを忘れた からお祖母さんに手紙を読んであげます。Megane wo wasureta kara obaasan ni tegami wo yonde agemasu. / 重いから 山本さんが私の荷物を持ってくれます。Omoi kara yamamoto-san ga watashi no nimotsu wo motte kuremasu. / 私の誕生日 ですから 皆に歌を歌ってもらいます。Watashi no tanjoubi desu kara minna ni uta wo utatte moraimasu.

4) 花子さんと雪子さんと太郎さんはパーティーの準備をします。畳の部屋にします。お寿司は太郎さんのお母さんが作ってくれます。ビールは田中さんが持って来てくれます。コップが足りないから隣りの山口さんに貸してもらいます。恵里子さんも来ます。雪子さんは掃除を終わってから恵里子さんを駅に迎えに行きます。花子さんは「ご飯を炊いてからデザートを作ります。」と言います。

Hanako-san to yukiko-san to tarou-san wa pātī no junbi wo shimasu. Tatami no heya ni shimasu.

O-sushi wa tarou-san no okaasan ga tsukutte kuremasu. Bīru wa tanaka-san ga motte kite kuremasu.

Koppu ga tarinai kara tonari no yamaguchi-san ni kashite moraimasu.

Eriko-san mo kimasu. Yukiko-san wa souji wo owatte kara eriko-san wo eki ni mukae ni

ikimasu. Hanako-san wa „Gohan wo taite kara dezāto wo tsukurimasu." to iimasu.

5) コーヒーを3杯飲んでから お腹が 痛いです。 Kōhī wo 3-bai nonde kara onaka ga itai

desu. / 姉に 郵便局で 切手を 10枚 買ってもらいました。 Ane ni yuubinkyoku de kitte wo

10-mai katte moraimashita. / 運転免許を 取ってから自動車を 2台買いました。Unten

menkyo wo totte kara jidousha wo 2-dai kaimashita. / 駐車場に 車が 20台あります。

Chuushajou ni kuruma ga 20-dai arimasu. / 川田さんがビールを5本 持って来てくれました。

Kawada-san ga bīru wo 5-hon motte kite kuremashita. / 隣りのお祖母さんに買物してあげま

す。 Tonari no obaasan ni kaimono shite agemasu. / ここに住んでから毎日 散歩しています。

Koko ni sunde kara mainichi sanpo shite imasu.

Lektion 19

1) 暗くなるのに外で読みます。Kuraku naru no ni soto de yomimasu. / 寒いのにコートは着

ません。Samui no ni kōto wa kimasen. / 約束したのに 田中さんが 来ませんでした。

Yakusoku shita no ni tanaka-san ga kimasen deshita. / 高い のに あのレストランで 食べたい

です。Takai no ni ano resutoran de tabetai desu. /近いのに 車で 行きます。Chikai no ni

kuruma de ikimasu. /沢山 作った のに 寿司は足りませんでした。Takusan tsukutta no ni

sushi wa tarimasen deshita.

2) 窓は閉まっています。Mado wa shimatte imasu. / ドアは 閉めてあります。Doa wa shimete

arimasu. / 車は 駅の前に止めてあります。Kuruma wa eki no mae ni tomete arimasu. /

自動車はホテルの後ろに 止まっています。Jidousha wa hoteru no ushiro ni tomatte imasu. /

ここに 彼の電話番号が 書いてあります。Koko ni kare no denwabangou ga kaite arimasu. / 壁

に地図が 掛けてあります。Kabe ni chizu ga kakete arimasu. / 壁に 写真が 掛かっていま

す。Kabe ni shashin ga kakatte imasu.

3) この本はあまり面白くないのに読みます。Kono hon wa amari omoshirokunai no ni yomimasu. / 遅くなってしまいました。Osoku natte shimaimashita. / 駅は遠いのに歩いて行きます。Eki wa tooi no ni aruite ikimasu. / 木村さんは奥さんが有名になると思っています。Kimura-san wa okusan ga yuumei ni naru to omotte imasu. / 冬になったのにまだ寒くないです。Fuyu ni natta no ni mada samukunai desu. / 太郎さんはお酒を飲んでしまいました。Tarou-san wa osake wo nonde shimaimashita. / めがねを忘れてしまいました。Megane wo wasurete shimaimashita. / ケーキは美味しくないのに食べます。Kēki wa oishikunai no ni tabemasu. / とても暑いのに夏日本に行きます。Totemo atsui no ni natsu nihon ni ikimasu. / 恵里子さんが先生になると言われています。Eriko-san ga sensei ni naru to iwarete imasu. / あのホテルは本当にきれいになりました。Ano hoteru wa hontou ni kirei ni narimashita. / 今日は失敗ばかりします。Kyou wa shippai bakari shimasu.

Lektion 20

1) できる (dekiru) / 書ける (kakeru) / 話せる (hanaseru) / 来られる (korareru) / 読める (yomeru) / 食べられる (taberareru) / 行ける (ikeru) / 使える (tsukaeru) / 飲める (nomeru) / 払える (haraeru) / 信じられる (shinjirareru) / 調べられる (shiraberareru) /選べる (eraberu) / 買える (kaeru) / 止められる (tomerareru) / 歩ける (arukeru) / 直せる (naoseru) / 見られる (mirareru) / 聞ける (kikeru) / 始められる (hajimerareru) / 歌える (utaeru) / 寝られる (nerareru) / 覚えられる (oboerareru)

2a) あそこで切手が購入できます。Asoko de kitte ga kounyuu dekimasu. / 田中さんの家の前に車が止められます。Tanaka-san no ie no mae ni kuruma ga tomeraremasu. / ピアノが弾けます。Piano ga hikemasu. / 日本の料理は作れますか。Nihon no ryouri wa tsukuremasu ka. / あそこの自動販売機でビールが買えます。Asoko no jidouhanbaiki de bīru ga kaemasu. / 姉は熱いものが食べられません。Ane wa atsui mono ga taberaremasen. / グリムさんはフランス語の新聞が読めます。Gurimu-san wa furansugo no shinbun ga yomemasu. / 日本語で手紙が書けますか。Nihongo de tegami ga kakemasu ka.

2b) Beispiele für mögliche Sätze: パソコンが使えます。Pasokon ga tsukaemasu. / 田中さん
はお酒がたくさん飲めます。Tanaka-san wa osake ga takusan nomemasu. / 自動車の運転は
できません。Jidousha no unten wa dekimasen. / 川田さんの赤ちゃんは先月から座れます。
Kawada-san no akachan wa sengetsu kara suwaremasu. / 辛い物は食べられますか。Karai mono
wa taberaremasu ka. / 姉は日本の新聞が読めます。Ane wa nihon no shinbun ga yomemasu.

3) 「私は仕事のために来週イギリスに行くつもりですが、どこで両替できます
か。」「そうですね、この辺りに銀行はありませんが、あそこの郵便局で両替できる
と思います。車で行くつもりですか。」「ええ、郵便局の前に車が止められます
か。」「いいえ、できません。車を止めるためには駅の側の駐車場まで行って下さ
い。」

„Watashi wa shigoto no tame ni raishuu igirisu ni iku tsumori desu ga, doko de ryougae dekimasu
ka." „Sou desu ne, kono atari ni ginkou wa arimasen ga, asoko no yuubinkyoku de ryougae dekiru
to omoimasu. Kuruma de iku tsumori desu ka." „Ee, yuubinkyoku no mae ni kuruma ga
tomeraremasu ka." „Iie, dekimasen. Kuruma wo tomeru tame ni wa eki no soba no chuushajou
made itte kudasai."

4) ここでユーロを円に両替できますか。Koko de yūro wo en ni ryougae dekimasu ka. /
ここでトラベラーズチェックで払えますか。Koko de toraberāzuchekku de haraemasu ka. /
フランス語ができますか。Furansgo ga dekimasu ka. / ビールはたくさん飲めますか。Bīru
wa takusan nomemasu ka. / カードで払えますか。Kādo de haraemasu ka. / 信じられません。
Shinjiraremasen. / 日本語で手紙が書けますか。Nihongo de tegami ga kakemasu ka. / ここ
でふみカードが使えますか。Koko de fumikādo ga tsukaemasu ka. / 花かさんはピアノが
弾けますか。Hanaka-san wa piano ga hikemasu ka. / 銀行の側に車が止められますか。
Ginkou no soba ni kuruma ga tomeraremasu ka. / 目が悪いからあまりよく見られません。
Me ga warui kara amari yoku miraremasen. / 天気がよい時ここから富士山が見えます。
Tenki ga yoi toki koko kara fujisan ga miemasu. / 夜よく隣りの人のテレビが聞こえます。
Yoru yoku tonari no hito no terebi ga kikoemasu. / 仕事のために土曜日歌舞伎を見に行けま
せん。Shigoto no tame ni doyoubi kabuki wo mi ni ikemasen. / 来週ニューヨークに行くつ

もりです。Raishuu nyūyōku ni iku tsumori desu. / 日本語を勉強する ために 二週間 大阪に

行くつもりです。Nihongo wo benkyou suru tame ni nishuukan oosaka ni iku tsumori desu. /

土曜日 働くつもり は ありません。Doyoubi hataraku tsumori wa arimasen.

Lektion 21

1) 明日 大切なお客さんが 来るので今日 皆は 準備をするために 残業します。Ashita

taisetsu na okyakusan ga kuru no de kyou minna wa junbi wo suru tame ni zangyou shimasu. /

ケーキを 沢山 食べたのでお腹が 痛いです。Kēki wo takusan tabeta no de onaka ga itai

desu. / ミーティングが 遅くなったので疲れています。Mītingu ga osoku natta no de

tsukarete imasu. / 今日は日曜日なので銀行が閉まっています。 Kyou wa nichiyoubi na no

de ginkou ga shimatte imasu. / 会社が遠いので電車で行きます。Kaisha ga tooi no de densha

de ikimasu. / このホテル から 富士山が 見えるので とても 人気が あります。Kono hoteru

kara fujisan ga mieru no de totemo ninki ga arimasu. / 赤ちゃんが まだ 小さいので由美子さ

んは 会社で 働きません。Akachan ga mada chiisai no de yumiko-san wa kaisha de

hatarakimasen. / 宛名が間違っていたので花子さんに書いた手紙が戻って来ました。

Atena ga machigatte ita no de hanako-san ni kaita tegami ga modotte kimashita.

2) 皆が わかる ように 説明して下さい。Minna ga wakaru you ni setsumei shite kudasai. /

カイザーさんも 読める ように ローマ字で 書いて下さい。Kaizā-san mo yomeru you ni

rōmaji de kaite kudasai. / 来週 休みが 取れるように 今 週 残業 するつもりです。Raishuu

yasumi ga toreru you ni konshuu zangyou suru tsumori desu. / 日本語が上手に話せるように

一年間 東京で日本語を 勉強するつもりです。Nihongo ga jouzu ni hanaseru you ni ichi-

nenkan toukyou de nihongo wo benkyou suru tsumori desu. / 花子さんに 会える ように また

日本に 来るつもりです。Hanako-san ni aeru you ni mata nihon ni kuru tsumori desu.

3) はは (haha = uchi) － おかあさん (okaasan = soto), おくさん (okusan = soto) － かない (kanai

= uchi), りょうしん (ryoushin = uchi) － ごりょうしん (goryoushin = soto), むすこさん

(musukosan = soto) － むすこ (musuko = uchi), おっと (otto = uchi) － ごしゅじん (goshujin =

soto), むすめ (musume = uchi) － おじょうさん (ojousan = soto), おばさん (obasan = soto) －

おば (oba = uchi), おこさん (okosan = soto) – こども (kodomo = uchi), ごかぞく (gokazoku = soto) – かぞく (kazoku = uchi)

4) 私は一人の姉と二人の弟がいます。Watashi wa hitori no ane to futari no otouto ga imasu. / 花子さんは私の いとこ です。Hanako-san wa watashi no itoko desu. / ご兄弟がいますか。 Gokyoudai ga imasu ka. /「これはお父さんの自動車ですか。」「いいえ、これは父の自動車 ではありません。」„Kore wa otousan no jidousha desu ka." „Iie, korewa chichi no jidousha de wa arimasen." / 明日は伯母と伯父といとこと祖母が来ます。Ashita wa oba to oji to itoko to sobo ga kimasu. / お母さんは お元気ですか。Okaasan wa ogenki desu ka. / 奥さんにも宜し く お伝え下さい。Okusan ni mo yoroshiku otsutae kudasai. / 忘れ物が ない ように 気をつ けて下さい。Wasuremono ga nai you ni ki wo tsukete kudasai. / 遅くならない ように タク シーで行きましょう。Osoku naranai you ni takushī de ikimashou. / 私が 読める ように ふ りがなでも書いて下さい。Watashi ga yomeru you ni furigana de mo kaite kudasai. / 漢字が たくさん書ける ように 毎日 勉強しています。Kanji ga takusan kakeru you ni mainichi benkyou shite imasu.

Lektion 22

1) 話せば、話すなら、話したら (hanaseba, hanasu nara, hanashitara) / すれば、するなら、 したら (sureba, suru nara, shitara) / 来れば、来るなら、来たら (kureba, kuru nara, kitara) / 食べれば、食べるなら、食べ たら (tebereba, taberu nara, tabetara) / 歩けば、 歩くなら、 歩いたら (arukeba, aruku nara, aruitara) / 飲めば、 飲むなら、 飲んだら (nomeba, nomu nara, nondara) / 行けば、行くなら、行 ったら (ikeba, iku nara, ittara) / 使えば、 使うなら、 使っ たら (tsukaeba, tsukau nara, tsukattara) / 始めれば、 始めるなら、 始めたら (hajimereba, hajimeru nara, hajimetara) / 遅ければ、遅いなら、 遅かったら (osokereba, osoi nara, osokattara) / 高ければ、 高いなら、 高かったら (takakereba, takai nara, takakattara) / 低けれ ば、低いなら、 低かったら (hikukereba, hikui nara, hikukattara) / よければ、よいなら、よ かったら (yokereba, yoi nara, yokattara) / 面白ければ、 面白いなら、 面白かったら (omoshirokereba, omoshiroi nara, omoshirokattara) / 古ければ、 古いなら、 古かったら

(furukereba, furui nara, furukattara) / 遠ければ、遠いなら、遠かったら (tookereba, tooi nara, tookattara) / 重ければ、重いなら、重かったら (omokereba, omoi nara, omokattara) / おいしければ、おいしいなら、おいしかったら (oishikereba, oishii nara, oishikattara) / できれば、できるなら、できたら (dekireba, dekiru nara, dekitara) / 読めば、読むなら、読んだら (yomeba, yomu nara, yondara) / 走れば、走るなら、走ったら (hashireba, hashiru nara, hashittara) / 着けば、着くなら、着いたら (tsukeba, tsuku nara, tsuitara) / 買えば、買うなら、買ったら (kaeba, kau nara, kattara) / 書けば、書くなら、書いたら (kakeba, kaku nara, kaitara) / 乗れば、乗るなら、乗ったら (noreba, noru nara, nottara) / 雨が降れば、降るなら、降ったら (ame ga fureba, furu nara, futtara) / 起きれば、起きるなら、起きたら (okireba, okiru nara, okitara) / 早ければ、早いなら、早かったら (hayakereba, hayai nara, hayakattara) / 安ければ、安いなら、安かったら (yasukereba, yasui nara, yasukattara) / 悪ければ、悪いなら、悪かったら (warukereba, warui nara, warukattara) / 宜しければ、宜しいなら、宜しかったら (yoroshikereba, yoroshii nara, yoroshikattara) / つまらなければ、つまらないなら、つまらなかったら (tsumaranakereba, tsumaranai nara, tsumaranakattara) / 新しければ、新しいなら、新しかったら (atarashikereba, atarashii nara, atarashikattara) / 近ければ、近いなら、近かったら (chikakereba, chikai nara, chikakattara) / 軽ければ、軽いなら、軽かったら (karukereba, karui nara, karukattara) / 不味ければ、不味いなら、不味かったら (mazukereba, mazui nara, mazukattara)

暇 なら/ならば、暇 なら、暇だったら (hima nara/naraba, hima nara, hima dattara) / 有名なら/ならば、有名なら、有名だったら (yuumei nara/naraba, yuumei nara, yuumei dattara) / 嫌いなら/ならば、嫌いなら、嫌だったら (kirai nara/naraba, kirai nara, kirai dattara) / きれいなら/ならば、きれいなら、きれいだったら (kirei nara/naraba, kirei nara, kirei dattara) / 静かなら/ならば、静かなら、静かだったら (shizuka nara/naraba, shizuka nara, shizuka dattara) / 元気 なら/ならば、元気なら、元気だったら (genki nara/naraba, genki nara, genki dattara)

2a) ba-Form: 少し考えればこの問題は難しくないです。Sukoshi kangaereba kono mondai wa muzukashikunai desu. / 毎日 勉強すれば漢字が読めます。Mainichi benkyou sureba kanji ga yomemasu. / 姉がテレビを見れば妹もテレビが見たくなります。Ane ga terebi wo mireba imouto mo terebi ga mitaku narimasu. / めがね を かけなければあまり よく 見られません。Megane wo kakenakereba amari yoku miraremasen. / お金が あれば大きい車を 買います。Okane ga areba ookii kuruma wo kaimasu. / 宜しければ私にも 参加させて下さい。Yoroshikereba watashi ni mo sanka sasete kudasai. / 飛行機の方が 安ければ飛行機で 行きたいです。Hikouki no hou ga yasukereba hikouki de ikitai desu. / 寒ければ窓を閉めて下さい。Samukereba mado wo shimete kudasai. / 仕事が 終わらなければ家に 帰ってはいけません。Shigoto ga owaranakereba ie ni kaette wa ikemasen.

2b) nara-Form: 明日雨が降るならどうしましょうか。Ashita ame ga furu nara dou shimashou ka. / ペンならここにあります。Pen nara koko ni arimasu. / 今 忙 しくないならちょっと手伝って下さい。Ima isogashikunai nara chotto tetsudatte kudasai. / 仕事がそんなに嫌いなら止めた方がいいと思います。Shigoto ga sonna ni kirai nara yameta hou ga ii to omoimasu. / 神社なら鎌倉にある八幡宮の方が 有名だと思います。Jinja nara kamakura ni aru hachimanguu no hou ga yuumei da to omoimasu. / 眠いならちょっと休んだ方がいいと思います。Nemui nara chotto yasunda hou ga ii to omoimasu. / 部屋を出るなら電気を消して下さい。Heya wo deru nara denki wo keshite kudasai. / パソコンを 買うなら秋葉原に いい 店が ありますよ。Pasokon wo kau nara akihabara ni ii mise ga arimasu yo. / 荷物が 重いならタクシーで行った方が いい と思います。Nimotsu ga omoi nara takushī de itta hou ga ii to omoimasu. / 出かけるなら鍵を忘れないで下さい。Dekakeru nara kagi wo wasurenai de kudasai.

2c) tara-Form: 東京に着いたら連絡して下さい。Toukyou ni tsuitara renraku shite kudasai. / 仕事が終わったら早く帰って下さい。Shigoto ga owattara hayaku kaette kudasai. / この部屋を掃除をしたら台所でお母さんを手伝って下さい。Kono heya wo souji wo shitara daidokoro de okaasan wo tetsudatte kudasai. / 家に帰ったら友達が 3人 来ていました。Ie ni kaettara tomodachi ga san-nin kite imashita. / これをコピーしたら川田さんにも 一枚あげて下さい。Kore wo kopī shitara kawada-san ni mo ichi-mai agete kudasai. / 田中さんと話した

ら私に電話をして下さい。Tanaka-san to hanashitara watashi ni denwa wo shite kudasai. / 今朝
窓を開けたら寒かったです。Kesa mado wo aketara samukatta desu. / この本を読んだらあ
なたに貸します。Kono hon wo yondara anata ni kashimasu. / 京都に行ったら道子さんの家
を訪ねて下さい。Kyouto ni ittara michiko-san no uchi wo tazunete kudasai. / 恵里子さんか
らメールをもらったら私にも見せて下さい。Eriko-san kara mēru wo morattara watashi ni mo
misete kudasai.

3) Beispiele für mögliche Antworten: はい、そうですね。ベルリンはミュンヘンより大き
いです。Hai, sou desu ne. Berurin wa myunhen yori ookii desu. / 私はワインの方が好きで
す。Watashi wa wain no hou ga suki desu. / 日本語の方が難しいと思います。Nihongo no hou
ga muzukashii to omoimasu. / 土曜日は都合がいいです。Doyoubi wa tsugou ga ii desu. /
シュミットさんは一番上手に日本語が話せると思います。Shumitto-san wa ichiban jouzu
ni nihongo ga hanaseru to omoimasu. / この小説は外の本より面白いと思います。Kono
shousetsu wa hoka no hon yori omoshiroi to omoimasu. / 私はばらが一番きれいだと思い
ます。Watashi wa bara ga ichiban kirei da to omoimasu.

4) このプロジェクトが終わったらパーティーをしましょう。Kono purojekuto ga owattara
pātī wo shimashou. / 明子さんをそんなに愛しているなら彼女と話した方がいいと思い
ます。Akiko-san wo sonna ni ai shite iru nara kanojo to hanashita hou ga ii to omoimasu. /
お盆なら旅行は高いです。O-bon nara ryokou wa takai desu. / ゆっくり話せばわかります。
Yukkuri hanaseba wakarimasu. / パソコンを直したら電子メールを送って下さい。Pasokon
wo naoshitara denshimēru wo okutte kudasai. / 中山さんが行けば私も行きたいです。
Nakayama-san ga ikeba watashi mo ikitai desu. / パソコンなら私のを使ってもいいです。
Pasokon nara watashi no wo tsukatte mo ii desu. / 授業がそんなに難しいなら先生と話した
方がいいと思います。Jugyou ga sonna ni muzukashii nara sensei to hanashita hou ga ii to
omoimasu. / 早く始めれば午後5時まで仕事がしあげられます。Hayaku hajimereba gogo
go-ji made shigoto ga shiageraremasu. / 面白い本ならこれを読んで下さい。Omoshiroi hon
nara kore wo yonde kudasai. / 新宿に着いたら電話して下さい。Shinjuku ni tsuitara denwa

shite kudasai.

Lektion 23

1a) 食べさせる (tabesaseru) / させる (saseru) / 働かせる (hatarakaseru) / 読ませる (yomaseru) / 遊ばせる (asobaseru) / 聞かせる (kikaseru) / 見させる (misaseru) / 買わせる (kawaseru) / 飲ませる (nomaseru) / 歌わせる (utawaseru) / 待たせる (mataseru) / 会わせる (awaseru) / 書かせる (kakaseru) / 止めさせる (yamesaseru) / 来させる (kosaseru)

1b) 食べさせられる (tabesaserareru) / させられる (saserareru) / 働かせられる (hatarakaserareru) / 読ませられる (yomaserareru) / 遊ばせられる (asobaserareru) / 聞かせられる (kikaserareru) / 見させられる (misaserareru) / 買わせられる (kawaserareru) / 飲ませられる (nomaserareru) / 歌わせられる (utawaserareru) / 待たせられる (mataserareru) / 会わせられる (awaserareru) / 書かせられる (kakaserareru) / 止めさせられる (yamesaserareru) / 来させられる (kosaserareru)

2) 課長は月曜日 私を遅くまで 働かせました。Kachou wa getsuyoubi watashi wo osoku made hatarakasemashita. / お医者さんは私に苦い 薬を 飲ませました。O-isha-san wa watashi ni nigai kusuri wo nomasemashita. / 今朝のミーティングで課長は 私にも 意見を言わせました。Kesa no mītingu de kachou wa watashi ni mo iken wo iwasemashita./ 一郎さんは花子さんを 泣かせました。Ichirou-san wa hanako-san wo nakasemashita. / 木村さんは私に 日曜日のパーティーで ビールを 沢山飲ませました。Kimura-san wa watashi ni nichiyoubi no pātī de bīru wo takusan nomasemashita. / 先生は 姉に 日本語の本を 読ませました。Sensei wa ane ni nihongo no hon wo yomasemashita. / 私は子供に この映画を 見させません。Watashi wa kodomo ni kono eiga wo misasemasen.

3) Beispiele für mögliche Sätze: 母は私にお菓子を食べさせませんでした。Haha wa watashi ni okashi wo tabesasemasen deshita. / 課長は社員を遅くまで働かせています。Kachou wa shain wo osoku made hatarakasete imasu. / 課長は山口さんを銀行に行かせます。Kacho wa yamaguchi-san wo ginkou ni ikasemasu. / それを江里子さんにさせて下さい。Sore wo eriko-san ni sasete kudsai. / 子供にお酒を飲ませないで下さい。 Kodomo ni osake wo nomasenai de kudasai.

4) 川田さんは毎日 子供に漢字を勉強させています。Kawada-san wa mainichi kodomo ni kanji wo benkyou sasete imasu. / 母は私に食事の前にチョコレートを食べさせませんでした。Haha wa watashi ni shokuji no mae ni chokorēto wo tabesasemasen deshita. / 山田課長は社員によく残業をさせています。Yamada-kachou wa shain ni yoku zangyou wo sasete imasu. / 私はこの映画に考えさせられました。Watashi wa kono eiga ni kangaesaseraremashita. / お祖母さんは私に夜遅くまでテレビを見させました。Obaasan wa watashi ni yoru osoku made terebi wo misasemashita. / 木村さんは昨日私を怒らせました。Kimura-san wa kinou watashi wo okorasemashita. / それを私にさせて下さい。Sore wo watashi ni sasete kudasai. / この写真を私に見せて下さい。Kono shashin wo watashi ni misete kudasai. / この写真を雪子さんに見させないで下さい。Kono shashin wo yukiko-san ni misasenai de kudasai.

Lektion 24

1) 加藤さんはいらっしゃいますか。Katou-san wa irasshaimasu ka. Ist Herr Kato da? = ehrerbietig / 明日は ここに おりません。 Ashita wa koko ni orimasen. Morgen bin ich nicht hier. = bescheiden / シューマンと申します。Shūman to moushimasu. Ich heiße Schumann. = bescheiden / どうぞ、召し上がって下さい。Douzo, meshiagatte kudasai. Bitte, essen / trinken Sie. = ehrerbietig / 失礼いたします。Shitsurei itashimasu. Entschuldigen Sie. Ich begehe eine Unhöflichkeit. = bescheiden / 山口 課長が来られました。Yamaguchi-kachou ga koraremashita. Der Unterabteilungsleiter Herr Yamaguchi ist gekommen. = ehrerbietig / 電車が まいります。 Densha ga mairimasu. Die Bahn kommt. = bescheiden

2)

neutral	bescheiden	ehrerbietig
来ます (kimasu)	参ります (mairimasu)	いらっしゃいます (irasshaimasu)
行きます (ikimasu)	参ります (mairimasu)	いらっしゃいます (irasshaimasu)

知っています (shitte imasu) 存じます (zonjimasu)　　ご存知です (gozonji desu)

飲みます (nomimasu)　　いただきます (itadakimasu)　召し上がります (meshiagarimasu)

食べます (tabemasu)　　いただきます (itadakimasu)　召し上がります (meshiagarimasu)

もらいます (moraimasu)　いただきます (itadakimasu)　　　　-

上げます (agemasu)　　差し上げます (sashiagemasu)　　　　-

します (shimasu)　　　いたします (itashimasu)　　なさいます (nasaimasu)

あります (arimasu)　　　　　ございます (gozaimasu)

くれます (kuremasu)　　　　-　　　　下さいます (kudasaimasu)

言います (iimasu)　　申します (moushimasu)　　おっしゃいます (osshaimasu)

3a) 山本「この用紙に記入して上げます。」 Yamamoto: „Kono youshi ni kinyuu shite agemasu." / 私は山本さんにこの用紙に記入してもらいます。Watashi wa yamamoto-san ni kono youshi ni kinyuu shite moraimasu. / 山本さんは私にこの用紙に記入してくれます。Yamamoto-san wa watashi ni kono youshi ni kinyuu shite kuremasu. / 私は山本部長にこの用紙に記入していただきます。Watashi wa yamamoto-buchou ni kono youshi ni kinyuu shite itadakimasu. / 山本部長は私にこの用紙に記入してくださいます。Yamamoto-buchou wa watashi ni kono youshi ni kinyuu shite kudasaimasu.

住田「表を説明して上げます。」 Sumida: „Hyou wo setsumei shite agemasu." / 私は住田さんに表を説明してもらいます。Watashi wa sumida-san ni hyou wo setsumei shite moraimasu. / 住田さんは私に表を説明してくれます。Sumida-san wa watashi ni hyou wo setsumei shite kuremasu. / 私は住田課長に表を説明していただきます。Watashi wa sumida-kachou ni hyou wo setsumei shite itadakimasu. / 住田課長は私に表を説明してくださいます。Sumida-kachou wa watashi ni hyou wo setsumei shite kudasaimasu.

木村「通訳して上げます。」 Kimura: „Tsuuyaku shite agemasu." / 私は木村さんに通訳してもらいます。Watashi wa kimura-san ni tsuuyaku shite moraimasu. / 木村さんは私に通訳してくれます。Kimura-san wa watashi ni tsuuyaku shite kuremasu. / 私は木村先生に通訳し

ていただきます。Watashi wa kimura-sensei ni tsuuyaku shite itadakimasu. / 木村先生は私に通訳してくださいます。Kimura-sensei wa watashi ni tsuuyaku shite kudasaimasu.

山口さんの奥さん「お寿司を作って上げます。」Yamaguchi-san no okusan: „O-sushi wo tsukutte wo agemasu." / 私は山口さんの奥さんにお寿司を作ってもらいます。Watashi wa yamaguchi-san no okusan ni o-sushi wo tsukutte moraimasu. / 山口さんの奥さんは私にお寿司を作ってくれます。Yamaguchi-san no okusan wa watashi ni o-sushi wo tsukutte kuremasu. / 私は山口さんの奥さんにお寿司を作っていただきます。Watashi wa yamaguchi-san no okusan ni o-sushi wo tsukutte itadakimasu. / 山口さんの奥さんは私にお寿司を作ってくださいます。Yamaguchi-san no okusan wa watashi ni o-sushi wo tsukutte kudasaimasu.

川田「写真を見せて上げます。」Kawada: „Shashin wo misete agemasu." / 私は川田さんに写真を見せてもらいます。Watashi wa kawada-san ni shashin wo misete moraimasu. / 川田さんは私に写真を見せてくれます。Kawada-san wa watashi ni shashin wo misete kuremasu. / 私は川田さんに写真を見せていただきます。Watashi wa kawada-san ni shashin wo misete itadakimasu. / 川田さんは私に写真を見せてくださいます。Kawada-san wa watashi ni shashin wo misete kudasaimasu.

村松「辞書を買って上げます。」Muramatsu: „Jisho wo katte agemasu." / 私は村松さんに辞書を買ってもらいます。Watashi wa muramatsu-san ni jisho wo katte moraimasu. / 村松さんは私に辞書を買ってくれます。Muramatsu-san wa watashi ni jisho wo katte kuremasu. / 私は村松先生に辞書を買っていただきます。Watashi wa muramatsu-sensei ni jisho wo katte itadakimasu. / 村松先生は私に辞書を買ってくださいます。Muramatsu-sensei wa watashi ni jisho wo katte kudasaimasu.

田中「車で駅まで送って上げます。」Tanaka: „Kuruma de eki made okutte agemasu." / 私は田中さんに車で駅まで送ってもらいます。Watashi wa tanaka-san ni kuruma de eki made okutte moraimasu. / 田中さんは私に車で駅まで送ってくれます。Tanaka-san wa watashi ni kuruma de eki made okutte kuremasu. / 私は田中課長に車で駅まで送っていただきます。

Watashi wa tanaka-kachou ni kuruma de eki made okutte itadakimasu. / 田中課長は私に車で 駅まで送ってくださいます。Tanaka-kachou wa watashi ni kuruma de eki made okutte kudasaimasu.

3b) それを見させていただきますか。Sore wo misasete itadakimasu ka. / 明日 会社を 休ませていただきますか。Ashita kaisha wo yasumasete itadakimasu ka. / 話しを 聞かせて いただいて、どうも有り難うございました。Hanashi wo kikasete itadaite, doumo arigatou gozaimashita. / 日曜日の 遠足に 参加させて いただいて、どうも有り難うございました。 Nichiyoubi no ensoku ni sanka sasete itadaite, doumo arigatou gozaimashita. / 松本 係長の 書 いたレポートを 読ませて いただきますか。Matsumoto-kakarichou no kaita repōto wo yomasete itadakimasu ka. / 今度のレポートを 書かせて いただきますか。Kondo no repōto wo kakasete itadakimasu ka.

4) 山口と申します。Yamaguchi to moushimasu. / ビールをもう一杯 召し上がって下さい。 Bīru wo mou ippai meshiagatte kudasai. / ベルリンから 参りました。Berurin kara mairimashita. / 川田さんをご存知ですか。Kawada-san wo gozonji desu ka. / 「明日は 又いらっしゃいま すか。」「はい、明日も 参ります。」„Myounichi wa mata irasshaimasu." „Hai, ashita mo mairimasu." / 山口 部長はいらっしゃいますか。Yamaguchi-buchou wa irasshaimasu ka. / こ こにお名前と ご住所を 書いて下さい。Koko ni o-namae to go-juusho wo kaite kudasai. / 木村先生は何とおっしゃいましたか。Kimura-sensei wa nan to osshaimashita ka. / 田村 社長のメールアドレスを 教えていただけませんか。Tamura-shachou no mēruadoresu wo oshiete itadakemasen ka. / ご都合はいかがですか。Go-tsugou wa ikaga desu ka. / どうぞ、 この席にお掛けになって下さい。Douzo, kono seki ni okake ni natte kudasai. / どうぞ、お 入りになって下さい。Douzo, ohairi ni natte kudasai.

5a) お手伝いしましょうか。Otetsudai shimashou ka. / 田中先生の 鞄を お持ちします。 Tanaka-sensei no kaban wo omochi shimasu. / 中 山 社 長 は何時にお着き に なりますか。 Nakayama-shachou wa nanji ni otsuki ni narimasu ka. / 昨日 歌舞伎を 見に 行った 時に

銀座で村松先生にお会いしました。Kinou kabuki wo mi ni itta toki ni ginza de muramatsu-sensei ni oai shimashita. / 今朝の新聞をお読みになりましたか。Kesa no shinbun wo oyomi ni narimashita ka. / また明日電話をおかけします。Mata ashita denwa wo okake shimasu. / 山口先生はこの本をお書きになりましたか。Yamaguchi-sensei wa kono hon wo okaki ni narimashita ka. / 川田課長はもうお帰りになりましたか。Kawada-kachou wa mou okaeri ni narimashita ka. / お願いします。Onegai shimasu. / お出かけになりますか。Odekake ni narimasu ka.

5b) 中山社長は何時に着かれますか。Nakayama-shachou wa nanji ni tsukaremasu ka. / 今朝の新聞を読まれましたか。Kesa no shinbun wo yomaremashita ka. / 山口先生はこの本を書かれましたか。Yamaguchi-sensei wa kono hon wo kakaremashita ka. / 川田課長はもう帰られましたか。Kawada-kachou wa mou kaeraremashita ka. / 出かけられますか。Dekakeraremasu ka.

6) マイヤーと申します。Maiyā to moushimasu. / 今何とおっしゃいましたか。Ima nan to osshaimashita ka. / ハンブルグから参りました。Hanburugu kara mairimashita. / 田中さんはどちらからいらっしゃいましたか。Tanaka-san wa dochira kara irasshaimashita ka. / この本をご存知ですか。Kono hon wo gozonji desu ka. / 川田さんは存じません。Kawada-san wa zonjimasen. / どちらからいらっしゃいましたか。Dochira kara irasshaimashita ka. / 山口先生のご住所を教えていただけませんか。Yamaguchi-sensei no gojuusho wo oshiete itadakemasen ka.